Breve storia di Nostra Signora del Buon Successo e Novena

*Io sono Maria del Buon Successo,
la Regina delle Vittorie*

Dolorosa Press
Camillus, NY

Breve storia di Nostra Signora del Buon Successo e Novena

Diritti d'autore © 2013 Paul M. Kimball
Tutti i diritti di riproduzione sono riservati

Nessuna parte di questo libro può essere riprodotta o trasmessa sotto alcuna forma o attraverso alcun mezzo, elettronico o meccanico, compreso qualunque sistema di recupero dati, senza l'autorizzazione scritta del titolare dei diritti d'autore. Unico autorizzato è l'eventuale commentatore, che può citare dei brevi passaggi in una critica.

ISBN: 978-0-9883723-7-5

Esemplari supplementari sono disponibili all'indirizzo:
www.dolorosapress.com

Madre Mariana of Jesus Torres y Berriochaoa

Un'anima predestinata

L'uomo moderno ha l'abitudine di credere solo a ciò che i suoi occhi vedono, ed ha l'abitudine di giudicare le persone in base a ciò che possiedono, e non in base a ciò che sono. Per questo risulta difficile comprendere una vita isolata in un chiostro, composta di sacrifici e preghiere e nella quale, molte volte, la Divina Provvidenza compie le sue grandi Rivelazioni.

Madre Mariana de Jesús Torres, una delle fondatrici del Regio Monastero dell'Immacolata Concezione di Quito, fu una grande mistica, ed abbracciò lo stato di perfezione evangelica seguendo l'insegnamento di Nostro Signore Gesù Cristo, portandolo sino al grado dell'eroismo. Dio la scelse per essere la depositaria di una serie di rivelazioni che riguardano il secolo nel quale essa visse ed anche i secoli futuri.

Nata in Spagna, nella provincia di Vizcaya, nell'anno del Signore 1563, Mariana sentì sin da piccola l'attrazione della vocazione religiosa. La sua vita, dall'età di tredici anni, fu una continua comunicazione con il soprannaturale. Fu così che, con il permesso del re Filippo II, lasciò il suo paese, accompagnata dalla zia, Maria de Jesús Toboada, e da un'altra religiosa, e giunse a Quito, nello scopo di stabilirvi il primo monastero delle Americhe dedicato all'Immacolata Concezione. Quest'ordine era stato fondato alcuni decenni prima da una religiosa portoghese, santa Beatrice de Silva.

All'epoca, il Cattolicesimo prosperava alla corte reale di Quito, sereno e vittorioso. Era il coronamento della fede, seminata dal fervore dei missionari e difesa dall'audacia dei coloni e dei Conquistadores, così come dalla bontà dei nativi. Questi loro antenati hanno lasciato in eredità agli ecuadoregni di oggi, una fede ed una pietà ammirevoli e numerosi santuari mariani dedicati alla Santa Vergine, che richiamano le sue apparizioni ed i suoi innumerevoli favori. In alcuni di essi vi sono delle immagini assai belle, molto venerate dai pellegrini di tutti i paesi. È per questo che l'Ecuador può essere, a giusto titolo, considerato il reliquiario d'America.

In risposta ad una richiesta del Consiglio municipale e delle più importanti famiglie ecuadoregne, Sua Maestà Filippo II inviò, dunque, un gruppo di religiose fondatrici, guidate dalla reverenda Madre Maria de Jesús Taboada, cugina del Re.

Il serpente infernale

I poteri infernali non potevano sopportare la diffusione della devozione all'Immacolata Concezione nel mondo intero. Così scatenarono una terribile tempesta che minacciava di far naufragare la nave sulla quale le religiose iberiche stavano viaggiando. Nel bel mezzo della tempesta, madre Maria e sua nipote videro un mostruoso serpente che, agitando le onde, stava tentando di distruggere il fragile vascello. La piccola Mariana urlò e svenne, mentre sua zia supplicava Dio di aiutarle in quei difficili frangenti. Quando ebbe finito di pregare, la tempesta cessò miracolosamente. Ciononostante, all'alba, si udì il suono di una terribile voce, dire: «Non permetterò questa fondazione; non le permetterò di svilupparsi; non le permetterò di esistere sino alla fine dei tempi e la perseguiterò ad ogni istante!».

Al loro arrivo a Quito, il 30 dicembre 1576, le fondatrici spagnole furono ricevute con grande giubilo, e presero alloggio nel monastero, il cui chiostro era ancora in costruzione. Molto presto, spinte da un fervore sempre crescente, molte giovani della città iniziarono ad essere ammesse nel convento.

Fondazione

Il 13 gennaio 1577, con la professione religiosa delle sei fondatrici nelle mani di un padre francescano, il Regio Monastero dell'Immacolata Concezione fu fondato, primo monastero di monache di clausura dell'Ecuador e primo convento delle monache Concezioniste francescane in America Latina. Erano queste le prime spose di Nostro Signore Gesù Cristo nelle terre ecuadoregne. La piccola Mariana Torres non emise i suoi voti

Convento dell`Immacolata Concezione a Quito

Statua di Nostra Signora del Buon Successo nella tribuna del coro, situata sopra il seggio della Badessa.

durante tale cerimonia, in quanto non aveva che tredici anni. Essa avrebbe emesso i voti due anni dopo, a quindici anni di età, ricevendo il nome di suor Mariana de Jesús. In questo chiostro benedetto, ebbe luogo, nei seguenti cinquantanove anni, il lungo Calvario di questa grande religiosa, formata all'ombra della Croce e trasformata in una vittima espiatoria della Divina Giustizia.

Suor Mariana de Jesús dovette fronteggiare la ribellione di alcune cattive suore che, riempite di odio dal demonio, la attaccarono, la calunniarono ed arrivarono ad incarcerarla nella prigione del monastero, a dispetto della sua carica di badessa. Esse la considerarono troppo severa e troppo esigente nel far rispettare la regola di san Francesco che governava l'Ordine dell'Immacolata Concezione sin dalle origini. Le ribelli arrivarono al punto di rigettare la direzione dei Francescani, ordendo una cospirazione ed ottenendo da Roma che il monastero fosse sottoposto alla direzione del vescovo locale. Quando le religiose fedeli compresero lo stato di abbandono nel quale erano state lasciate ed il rischio di estinzione del monastero, allora la Madonna apparve.

«Sono Maria del Buon Successo»

Il 2 febbraio 1610, all'una del mattino, suor Mariana pregava nel coro, la fronte al suolo, domandando con istanti suppliche alla Regina del cielo che Ella stessa rimediasse alle necessità del monastero e della colonia nascente e che venisse in aiuto alla Chiesa.

Immersa nel fervore della preghiera, notò che qualcuno si era unito a lei... una voce la chiamò per nome.

Era una donna di una straordinaria bellezza, circondata da una luce più intensa di quella del sole e cinta di una magnifica corona di un'accecante splendore.

Sul suo braccio sinistro teneva un bambino bello come la stella del mattino e nella sua mano destra le chiavi della clausura ed un superbo pastorale d'oro, ornato di magnifiche pietre preziose, in segno di proprietà e di autorità sul monastero.

Estasiata e presa dall'emozione, la religiosa domandò:
«Chi siete voi, bella signora, e che cosa desiderate da me, che non sono che una semplice religiosa?».

Con una dolce voce, la signora le rispose: «Sono Maria del Buon Successo, la Regina del cielo e della terra. Poiché mi hai invocata con un così tenero affetto, vengo dal Paradiso per consolare il tuo cuore afflitto. Le tue preghiere, le tue lacrime, le tue pene sono molto accette al nostro Padre celeste. Nel mio braccio destro io tengo il pastorale che tu vedi, poiché io desidero governare questo mio monastero come Badessa e Madre... Satana vuole distruggere questo lavoro di Dio... ma non può avere successo, perché io sono la Regina delle Vittorie e la Madre del Buon Successo, sotto il quale titolo io desidero compiere meraviglie in ogni epoca... Voglio fortificare il tuo cuore, cosicché la sofferenza non ti sconfigga. La tua vita sarà lunga, per la gloria di Dio e di sua Madre, che ti sta parlando. Il mio santissimo Figlio ti farà conoscere la sofferenza in tutte le sue diverse forme. E, per instillarti il coraggio di cui hai bisogno, te Lo offro. PrendiLo nelle tue braccia».

Quando suor Mariana ricevette il Bambin Gesù tra le sue braccia, sentì un grande desiderio di soffrire e di consumarsi come vittima per placare la Divina Giustizia, se ciò fosse possibile, sino alla fine del mondo. La santissima Vergine rimase nella clausura sino alle tre del mattino.

Badessa del convento

Qualche tempo dopo, la santa Vergine le rese noto la sua volontà di essere onorata nel monastero come loro perpetua badessa:

«È volontà del mio santissimo Figlio che tu ordini una statua fatta come tu mi vedi ora e che tu la collochi sopra la sede della Badessa.

E tu metterai nella mia mano destra il pastorale e le chiavi della clausura, in segno della mia proprietà e della mia autorità. Nella mia sinistra, porrai il mio divin Figlio. Io governerò personalmente questo convento».

La beatissima Vergine si fece carico del convento come di una sua proprietà, assicurandogli la sua speciale protezione contro gli assalti del demonio, indicando inoltre che la devozione alla Madonna del Buon Successo avrebbe ottenuto misericordia e perdono per tutti i peccatori che fossero ricorsi a lei con cuore contrito, poiché è la Madre di Misericordia.

Le misure della statua

Suor Mariana esitava. Come avrebbe potuto compiere una così difficile missione. In primo luogo, come avrebbe potuto ottenere l'autorizzazione del Vescovo? E poi, come avrebbero potuto essere ottenute le risorse necessarie, e quale artista sarebbe stato capace di scolpire la statua? «O Signora, – insistette la religiosa – come tutto questo potrà compiersi, se non conosco nemmeno le vostre esatte misure?».

«Dammi il cordone francescano che porti alla cintura», le disse la Vergine.

In quel momento, alla presenza dei tre arcangeli, san Michele, san Gabriele e san Raffaele, che si mostravano profondamente inchinati davanti la Vergine, Ella stessa prese il cordone e pose una delle estremità sulla sua fronte, dicendo a suor Mariana di toccare il suo piede con l'altro estremo. Ma poiché il cordone era molto corto, quest'ultimo si allungò miracolosamente fino alle dimensioni esatte della Vergine.

«Adesso, figlia mia, tu hai le dimensioni della tua Madre del Cielo; dalle al mio servitore, Francisco del Castillo, e descrivigli le mie caratteristiche e la mia posizione; farà esteriormente la mia statua, perché ha una coscienza delicata ed osserva scrupolosamente i comandamenti di Dio e della Chiesa. Nessun'altro sarà degno di questa grazia. Da parte tua, aiutalo con le tue preghiere e con la tua umile sofferenza».

Piena di gioia, la religiosa prese quella preziosa reliquia e l'indossò sino alla fine della sua vita.

La Vergine insiste

Nelle successive apparizioni, Nostra Signora del Buon Successo insistette ancora perché suor Mariana collocasse la statua prima possibile, ammonendola per il suo ritardo. Per convincerla, le profetizzò il futuro dell'Ecuador, del Vescovo ed altri eventi – ora già avvenuti – così come la proclamazione dei dogmi dell'infallibilità pontificia e dell'Immacolata Concezione.

«Mia cara figlia, perché sei così dura di cuore? ... Quanti crimini nascosti sono commessi in questa nazione e nelle regioni vicine! Era precisamente per questo che questo convento è stato fondato qui, per placare Dio nel luogo stesso ove è offeso e disconosciuto; e per questa ragione il demonio, il nemico di Dio e del giusto, ora, come nei secoli futuri, farà uso di tutta la sua malvagia astuzia per eliminare questo convento .

Oggi stesso, quando il sole sorgerà, andrai a vedere il Vescovo e gli riferirai che io ordino che la mia statua sia fatta per essere messa davanti alla mia comunità, perché io possa prendere completo possesso di quel titolo che, tra tanti, mi appartiene. E come prova della verità di ciò che gli dirai, egli morirà fra due anni e due giorni e, sapendo ciò, si prepari per il giorno dell'eternità, poiché avrà una morte violenta» .

Nostra Signora del Buon Successo dá a suor Mariana le sue misure della sua statura per la fabbricazione della sua statua.

Il Vescovo

Dopo molte esitazioni, suor Mariana parlò finalmente con Sua Eccellenza Mons. Salvador de Ribera. Il Vescovo acconsentì immediatamente:

«Madre, perché vostra Reverenza non mi ha chiamato prima? È Dio che dispone e noi non dobbiamo ignorare la Sua voce e le Sue chiamate. È libero di domandare alle Sue creature ciò che crede».

Lo scultore

Francisco del Castillo, da parte sua, si protestò indegno di essere lo scultore di una così eminente statua, ma dichiarò che avrebbe compiuto il lavoro assegnatogli nel miglior modo possibile. Quando gli domandarono quale prezzo intendesse richiedere per il suo lavoro, egli rispose che non avrebbe voluto niente e che si considerava ben pagato per il fatto di essere stato scelto per una missione tanto sublime. Si confessò, ricevette la santa Comunione ed il 15 settembre 1610 cominciò il tanto atteso lavoro.

Lavorò molti giorni, sempre sotto la direzione di suor Mariana de Jesús Torres. Le suore del convento erano rapite, guardandolo lavorare. Quando mancavano solo alcuni aggiustamenti finali, vide che la statua, benché soddisfacente, non rappresentava per niente ciò che suor Mariana aveva visto. Francesco partì, dunque, in viaggio, alla ricerca dei migliori colori e vernici, per completare il lavoro.

Di ritorno con i colori, fu sorpreso nello scoprire che la statua era già stata completata. Cadendo in ginocchio, esclamò: «Reverenda Madre, cos'è ciò che vedo? Questo magnifico lavoro non è l'opera delle mie mani! Non posso spiegare ciò che il mio cuore sente, ma questo può essere solo il lavoro degli angeli, perché un lavoro di questo tipo non può essere compiuto qui sulla terra, con un pugno d'argilla. Oh, no! Nessun scultore, per quanto abile possa essere, sarà mai capace di imitare tale perfezione e tale meravigliosa bellezza!». Immediatamente, alla presenza del Vescovo, fece un giuramento scritto, certificando che ciò che era avvenuto alla statua benedetta non era opera sua, e che egli l'aveva trovata così dopo il suo ritorno, assai diversa da come l'aveva lasciata sei giorni prima.

Gli angeli

Che cosa era accaduto, nel frattempo che lo scultore si trovava in viaggio? Chi aveva compiuto un tale straordinario miracolo? Suor Mariana così descrive gli eventi:
«Durante le preghiere di comunità, nel pomeriggio del 15 [gennaio 1611], Dio mi prevenne che all'alba del 16 [gennaio], sarei stata testimone delle sue misericordie in favore del nostro convento e della nazione in generale. Mi domandò di prepararmi a ricevere queste grazie con penitenze e preghiere notturne. Così feci. Gli arcangeli san Michele, san Gabriele e san Raffaele si presentarono davanti il trono della Regina del Cielo. San Michele, inchinandosi davanti a lei, le disse con sottomissione: "Santissima Vergine Maria, Figlia di Dio Padre"; san Gabriele aggiunse: "Santissima Vergine Maria, Madre del Figlio di Dio" e san Raffaele concluse: "Santissima Vergine Maria, Purissima Sposa dello Spirito Santo". Immediatamente, essi chiamarono la milizia celeste e cantarono insieme: "Santissima Vergine Maria, Tempio santo della Santissima Trinità"».

Mani celesti

Suor Mariana continua: «In questa apparizione, san Francesco d'Assisi, accompagnato dai tre arcangeli e seguito dalla milizia celeste, si avvicinò alla statua semi-finita e, in un attimo, la rifece daccapo... donandogli un'incomparabile bellezza che nessuna mano umana sarebbe mai stata capace di dargli».

Come suor Mariana testimoniò, la pittura applicata da Francisco del Castillo cadde al suolo, i tratti dell'immagine divennero più dolci e la sua fisionomia più celeste. La Vergine fu completamente illuminata come se fosse nel bel mezzo del sole. Dall'alto la santissima Trinità stava guardando compiaciuta ciò che stava avvenendo e gli angeli cantavano le loro melodie. Nel bel mezzo di tutte queste gioie, la Regina del cielo entrò personalmente dentro la statua, come i raggi del sole entrano in un cristallo e questa sembrò prendere vita, apparve splendente e cantò essa stessa il Magnificat con un'armonia celeste. Gli angeli cantarono l'inno Salve sancta parens. Tutto questo accadde alle tre del mattino.

Nella mattinata dello stesso giorno, le suore del convento udirono degli inni angelici e videro il chiostro completamente illuminato da luci celesti e, vedendo la statua, compresero che altre mani, un altro genio, avevano scolpito quella meraviglia.

La marchesa

Era ancora necessario provvedere gli ornamenti che la santissima Vergine aveva indicato e che dovevano essere messi sulla statua, una volta completata. Così, le chiavi furono fatte in argento. Il Capitolo si incaricò di confezionare la corona d'oro e la marchesa Maria de Solanda, parente del re di Spagna, donò il pastorale. Quando la marchesa fu informata della richiesta di donare il pastorale, riconoscente, si indirizzò a suor Mariana: «Madre, mi sarei risentita molto se vostra Reverenza non avesse pensato a me. Grazie per le vostre attenzioni ed il vostro affetto e permettetemi di dirvi che io non permetterò a nessun'altro di contribuire alla donazione del pastorale della statua della mia Signora e Madre Celeste. Io collaborerò con i materiali ed il lavoro. Posso farcela, e quand'anche non potessi, venderò le mie proprietà per provvedervi. Vi prego di dirmi come dev'essere fatto il lavoro e non aggiungete nient'altro! Io mi occuperò del resto!».

La Consacrazione

Per adempiere completamente le richieste della Regina del cielo, mons. Ribera consacrò la statua benedetta il 2 febbraio 1611, battezzandola con il nome di «Maria del Buon Successo della Purificazione o Candelora». Precedentemente a quest'evento, in onore di un così glorioso titolo, fu recitata la prima novena, che si concluse con la solenne consacrazione. Dopo l'unzione della statua con i sacri olii, come si fa con le cattredali ed i santuari, mons. Ribera pose il pastorale e le chiavi della clausura nella mano destra della Vergine, affidando così il convento, e coloro che dimorano in esso in ogni tempo, alle materne ed amorevoli cure della santissima Vergine Maria. Ciò fu fatto perché si compisse ciò che la Madonna aveva detto a suor Mariana: «Allora, in quel momento, prenderò completo possesso di questa mia casa, e la proteggerò del male e la libererò da tutte le inosservanze sino alla fine dei tempi, esigendo dalle mie figlie un continuo spirito di carità e sacrificio».

Il Bambin Gesù di Pichincha

Nel 1628, Nostra Signora del Buon Successo disse a suor Mariana: «Alza gli occhi e guarda verso il monte Pichincha, dove sarà crocifisso il mio divin Figlio, che tengo tra le braccia: Lo offro alla Croce, perché possa spandere dei buoni successi a questa nazione, che sarà specialmente benedetta, quando io sarò conosciuta in tutto il territorio ed tutti mi onoreranno sotto questo titolo».

Sul monte Pichincha, il divin Bambino, di circa dodici anni, con un volto splendente, bianco e roseo, si prostrò al suolo e disse al suo Padre eterno: «Padre mio ed eterno Dio, guarda benigno a questa piccola porzione di terra che oggi Tu mi hai donato; fai che il mio amoroso e tenero Cuore e che il Cuore della mia santissima Madre, regnino su di esso come i suoi padroni assoluti».

«Non ho potuto fare di piú per te, che mostrarti il mio amore».

La battaglia di Pichincha fu combattuta il 24 maggio 1822. In essa, complessivamente tra le due parti, 600 uomini morirono e 330 furono feriti, e 1260 soldati spagnoli furono fatti prigionieri. Nostra Signora del Buon Successo aveva predetto che l'Ecuador si sarebbe separato dalla Spagna e sarebbe diventato una Repubblica, ed il Bambin Gesú apparve, circa duecento anni prima, lá dove questa decisiva battaglia doveva aver luogo.

Terminate queste parole, il Bambino abbracciò la croce e, piangendo, vi fu crocifisso. Le sue lacrime furono raccolte dagli arcangeli, san Michele, san Gabriele e san Raffaele, che le dispersero sulla nazione.

Lo sguardo di Gesù adolescente coprì tutto l'Ecuador, e, mentre piangeva, il divin Bambino disse: «Non ho potuto fare di più per te, che mostrarti il mio amore».

Vittima per i nostri tempi

La vita della serva di Dio, suor Mariana de Jesús Torres, fu segnata da una serie di rivelazioni divine, interventi soprannaturali e miracoli. Nostro Signore non le risparmiò nulla che potesse aiutarla per la sua purificazione e perfezione, poiché essa era destinata, in ragione della sua eccezionale vocazione, ad essere un vittima espiatoria per i peccati del mondo, ed in particolare per quelli dell'Ecuador. Il divin Creatore permise che essa fosse fortemente tentata dal demonio, che le si presentava frequentemente sotto forma di serpente, aggirandosi attorno a lei notte e giorno. La fama della sua santità si diffuse a Quito e gli abitanti si rivolsero a lei, invocando la loro piccola Madre, alla ricerca di qualche favore soprannaturale. Il suo nome acquistò un'enorme notorietà e le bambine dell'epoca venivano frequentemente battezzate con il suo nome. Una di esse fu la piccola santa Mariana de Jesús Paredes, nata al tempo di madre Mariana, e che partecipò successivamente al funerale della santa fondatrice. Durante la triste cerimonia, ella esclamò ad alta voce: «È morta una santa!». Durante la sua vita, suor Mariana de Jesús Torres ricevette il dono della bilocazione e della levitazione: curava i malati, riconciliava le famiglie e convertiva le persone. Ma senza dubbio ciò che ebbe la maggior importanza nella sua vita furono le apparizioni e le rivelazioni di Nostra Signora del Buon Successo.

Le rivelazioni

Le rivelazioni che le furono fatte, ed in particolare quelle che concernono i nostri tempi, sono impressionanti per la loro precisione e la ricchezza di particolari. Tra i molti particolari riferiti da suor Mariana al vescovo di Quito, c'è qualcosa che ci parla particolarmente dei nostri giorni, ossia il fatto che le sue visioni e la sua vita sarebbero state conosciute solamente all'inizio del XX secolo, per aiutare le anime di quel tempo, nel quale vi sarebbe stata un'enorme decadenza della fede.

«È volere di Dio riservare questo titolo e la tua vita per quel secolo, quando la corruzione dei costumi sarà universale e la preziosa luce della fede sarà quasi estinta».

L'8 dicembre 1634, la Regina del cielo e della terra profetizzava: «Il titolo consolante del "Buon Successo" sarà il sostegno e la salvaguardia della fede in occasione della totale corruzione del XX secolo».

Profezie già realizzate

La santissima Vergine, nei suoi messaggi, descrisse l'inizio e il futuro della storia dell'Ecuador. Per comprovare la credibilità delle profezie fatte da una persona, riguardanti diverse epoche, è buona regola vedere se qualcuna si è già avverata ed in quale modo. Nel caso di suor Mariana de Jesús Torres, la maggioranza delle rivelazioni che la Madonna le fece, hanno avuto una esatta realizzazione storica.

Indipendenza dell'Ecuador

Durante l'apparizione del 16 gennaio 1599, la Madonna disse a suor Mariana: «Il paese nel quale vivi cesserà di essere una colonia e diventerà una repubblica libera, ed allora sarà chiamato Ecuador, ed avrà bisogno di molte anime eroiche per sostenersi tra tante calamità pubbliche e private». La profezia si avverò duecento anni dopo.

Consacrazione dell'Ecuador al Sacro Cuore

Nella stessa apparizione la Vergine affermò: «Nel diciannovesimo secolo ci sarà un presidente veramente cattolico, al quale Nostro Signore darà la palma del martirio, nella piazza ove si trova questo mio convento. Egli consacrerà la Repubblica al Sacro Cuore del mio santissimo Figlio e sosterrà la religione negli anni successivi, che saranno sventurati per la Chiesa».

Il 25 marzo 1874, l'eroico presidente Gabriel Garcia Moreno fece dell'Ecuador la prima nazione consacrata al Sacro Cuore di Gesù. L'anno seguente, il 6 agosto 1875, morì assassinato dai nemici della fede, nella stessa piazza dell'Indipendenza, sulla quale si affaccia il monastero dell'Immacolata Concezione. Le sue ultime parole, prima di morire, furono: «Dio non muore!».

Proclamazione dei dogmi dell'Immacolata Concezione e dell'Assunzione della Beata Vergine

Nell'apparizione del 2 febbraio 1634, Nostra Signora del Buon Successo pose il Bambin Gesù tra le braccia di suor Mariana. Il Bambin Gesù le rivelò: «Il dogma dell'Immacolata Concezione di mia Madre sarà proclamato quando la Chiesa sarà attaccata ed il mio Vicario si troverà prigioniero; e quello della sua morte ed Assunzione in anima e corpo in cielo, quando la Chiesa sarà uscita da un bagno di sangue».

L'8 dicembre 1854, il Papa Pio IX, nel mezzo di una terribile persecuzione contro la Chiesa, proclamò il dogma dell'Immacolata Concezione; ed il 15 agosto 1950, alla fine della II guerra mondiale, Pio XII proclamò il dogma dell'Assunzione.

Canonizzazione di suor Beatrice de Silva

Nel suo testamento spirituale, suor Mariana de Jesús Torres, parlando dell'unione delle Concezioniste francescane con i francescani, dice alle sue figlie: «Chiunque pretende separare Francesco [d'Assisi] e Beatrice [la fondatrice dell'Ordine] non appartiene al vero Ordine delle Francescane Concezioniste. E perciò, né il santo padre Francesco, né santa Beatrice le riconosceranno come figlie. Essa sarà innalzata alle glorie degli altari nel XX secolo».

E così avvenne: santa Beatrice de Silva fu canonizzata durante il pontificato di Paolo VI, il 3 ottobre 1976, cioè 500 anni dopo la sua morte.

Profezie che si stanno avverando o che sono prossime ad avverarsi

Nell'indicare le cause della catastrofica crisi della fede e della morale che descrive nelle sue profezie relative al XIX ed al XX secolo, Nostra Signora del Buon Successo menziona le eresie in generale e le sette, o semplicemente le sette. Queste eresie o sette avranno il potere di tendere i loro artigli anche sul focolare domestico, contaminando perniciosamente tutti i campi dell'attività umana.

Corruzione dei bambini

«In ciò che ora è una colonia, e che diventerà la Repubblica dell'Ecuador, le passioni esploderanno e vi sarà una totale corruzione dei costumi, e così Satana regnerà pressoché completamente attraverso le sette massoniche. Esse si concentreranno principalmente sui bambini per alimentare così questa estesa corruzione. Guai ai bambini di quei tempi! Sarà difficile ricevere il sacramento del battesimo ed il sacramento della cresima.

Immagine adottata dal capo di Stato cattolico Garcia Moreno per la consacrazione dell'Ecuador al Sacro Cuore di Gesú nel 1873. Moreno fu assassinato nel 1875. Padre Mareo Crawley, fondatore dell'Intronizzazione del Sacro Cuore nei focolari domestici, adottó quest'immagine come bandiera della sua crociata mondiale per il regno sociale del Sacro Cuore. Egli predicó su di questo per cinquant'anni.

Riceveranno il sacramento della confessione solo se resteranno nelle scuole cattoliche, e perciò il demonio farà dei grandi sforzi per distruggere queste scuole facendo uso delle persone che hanno l'autorità».

«La setta, avendo preso il controllo di tutte le classi sociali, si introdurrà così astutamente nelle case che i bambini si perderanno, mentre il demonio si vanterà di essere nutrito con quelle prelibatezze che sono le anime dei bambini».

«In quei tempi tragici, l'innocenza dei bambini non esisterà quasi più, e perciò le vocazioni sacerdotali andranno perse e questa sarà una vera calamità».

Impurità diffusa

«Sento molta pena nel dirti che vi saranno molti ed enormi sacrilegi ed anche profanazioni nascoste della santa Eucaristia! Il mio santissimo Figlio sarà gettato a terra e calpestato da sudici piedi!».

Profanazione dei sacramenti

«Il sacramento dell'Ordine sarà sbeffeggiato, oppresso e denigrato. Ciò perché opprimendo e denigrando la Chiesa di Dio, si opprime e si denigra Dio stesso, che è rappresentato dai suoi sacerdoti, e conseguentemente il demonio si sforzerà di perseguitare in ogni modo i ministri del Signore e si adopererà con crudele e sottile astuzia per distrarli dalla spirito della loro vocazione. ... Questo apparente trionfo di Satana porterà con sé delle enormi sofferenze per i buoni pastori della Chiesa e sopra la grande maggioranza dei sacerdoti. ...

Per quanto riguarda il sacramento del matrimonio, che simboleggia l'unione del Cristo con la sua Chiesa, esso sarà attaccato e profondamente profanato nel più pieno senso del termine. La massoneria, che sarà allora al potere, metterà in atto delle

leggi inique con l'obiettivo di togliere di mezzo questo sacramento, rendendo facile per tutti vivere nel peccato, incoraggiando la procreazione di figli illegittimi, nati senza la benedizione della Chiesa. ... Durante questo tempo, a causa del fatto che in questo povero paese mancherà lo spirito cristiano, il sacramento dell'estrema unzione sarà poco stimato. Molte persone moriranno senza riceverlo o per la negligenza delle loro famiglie e per un falso sentimentalismo verso i parenti malati»
.

Un prelato restaurerà il sacerdozio cattolico

«I sacerdoti abbandoneranno i loro sacri doveri e si allontaneranno dal cammino tracciato per loro da Dio. Poi la Chiesa attraverserà una notte oscura per l'assenza di un Prelato o di un Padre che vegli su di essa con amore, amabilità, forza e prudenza, ed un gran numero di sacerdoti perderà lo spirito di Dio, e metteranno, così, le loro anime in grande pericolo. Prega costantemente... che il mio santissimo Figlio... abbia pietà dei suoi ministri e che Egli metta fine a quei tempi rovinosi, inviando alla sua Chiesa il Prelato che restaurerà lo spirito dei suoi sacerdoti.

Noi colmeremo questo mio amato figlio, che il mio divin Figlio ed Io stessa amiamo con un amore di predilezione, di molti doni, quali l'umiltà di cuore, la docilità alle varie ispirazioni, la forza nel difendere i diritti della Chiesa e lo doteremo di un cuore con il quale egli, come un nuovo Cristo, possa conquistare sia gli uomini più potenti che i più umili, senza disprezzare i più sfortunati tra essi. Con una dolcezza tutta divina guiderà le anime che, nelle case religiose, si sono consacrate al servizio di Dio evitando che il giogo del Signore pesi su di esse. Terrà nelle sue mani la bilancia del santuario, perché tutto sia fatto nel modo dovuto per la gloria di Dio. Questo Prelato e Padre, agirà come un contrappeso all'indifferenza delle anime consacrate a Dio nel sacerdozio e negli ordini religiosi» .

«Prega costantemente... che il mio santissimo Figlio... abbia pietá dei suoi ministri e che Egli metta fine a quei tempi rovinosi, inviando alla sua Chiesa il Prelato che restaurerá lo spirito dei suoi sacerdoti».

Il defunto mons. Marcel Lefebvre ha fatto direttamente menzione di questa profezia durante la sua omelia per le consacrazioni dei quattro vescovi della Fraternitá San Pio X il 30 giugno 1988.

La causa prima e l'ultimo rimedio alla crisi all'interno della Chiesa

«Arriveranno, inattesi, dei tempi disastrosi, nei quali, oscurandosi la chiarezza della loro vista, coloro che si sono battuti secondo giustizia per difendere i diritti della Chiesa, senza paura servile o rispetto umano, stenderanno le loro braccia ai nemici della Chiesa, per fare ciò che questi ultimi desiderano. Ma, ahimè, lo smarrimento del saggio! Colui che governa la Chiesa, il pastore di quel gregge che il mio santissimo Figlio ha confidato alle sue cure! Ma quando sembreranno trionfare e quando l'autorità abuserà del suo potere commettendo ingiustizie ed opprimendo il debole, la sua rovina sarà vicina. Essi cadranno al suolo!

E felice e trionfante come un delicato, piccolo pargolo, la Chiesa riemergerà e dormirà dolcemente tra le braccia del mio affezionato ed amorevole figlio prescelto, tanto più amato in quei tempi nei quali gli sarà dato comprendere le ispirazioni della grazia – una delle quali sarà di leggere le grandi misericordie che il mio santissimo Figlio e Me stessa abbiamo operato in te; – noi lo faremo grande sulla terra e molto più in cielo, dove gli abbiamo riservato una sede preziosa, perché senza paura degli uomini egli ha combattuto per la verità ed ha difeso sereno i diritti della sua Chiesa, ragion per cui possiamo definirlo un martire».

Il trionfo della Chiesa

«Quando tutto sembrerà perduto vi sarà l'inizio del trionfo della santa Chiesa».

Dopo l'impressionante predizione delle catastrofi che toccheranno la Chiesa e la civiltà cristiana, Nostra Signora del Buon Successo promette, infine, la completa vittoria.

«Il piccolo numero di anime che conserverà il tesoro della fede e delle virtù, soffrirà una crudele ed indescrivibile sofferenza, paragonabile ad un martirio prolungato. ...

Per la liberazione dalla schiavitù di tutte queste eresie, coloro i quali sono destinati alla restaurazione dall'amore misericordioso del mio santissimo Figlio, necessiteranno una grande forza di volontà, costanza, coraggio, e molta confidenza in Dio. Per mettere alla prova la fede e la confidenza del giusto, vi saranno momenti nei quali tutto sembrerà essere perduto e paralizzato. Poi vi sarà il felice inizio della completa restaurazione! ...

Vi sarà una terribile ed orribile guerra, nella quale scorrerà il sangue dei cittadini e degli stranieri, dei sacerdoti secolari e dei regolari, così come quello dei religiosi. Questa notte sarà la più orribile, tanto che all'uomo sembrerà che il male abbia trionfato. In quel tempo, sarà giunto il momento nel quale Io, in maniera inattesa, deporrò l'arrogante e maledetto Satana, gettandolo nell'inferno e seppellendolo nell'abisso infernale, liberando infine la Chiesa ed il paese dal crudele tiranno».

Il miracolo del 1941

La statua di Nostra Signora del Buon Successo ha protetto il convento dell'Immacolata Concezione di Quito attraverso i secoli, ed è stata pegno di grazie continue per la protezione dell'Ecuador e dei suoi abitanti.

«Questa devozione sarà il parafulmine tra la Giustizia divina ed il mondo prevaricatore, per impedire che su questo mondo colpevole si riversino le spaventose punizioni che merita».

Nel 1941, il Perù invase il territorio ecuadoregno. In vista di questo pericolo, l'arcivescovo di Quito ordinò dei tridui di preghiera in onore dei diversi titoli della santissima Vergine in diverse chiese di Quito, implorando la cessazione delle ostilità. Il 25 luglio cominciò il triduo in onore di Nostra Signora del Buon Successo, nella Chiesa dell'Immacolata Concezione. Tre

Il movimento miracoloso degli occhi della statua di Nostra Signora del Buon Successo, segnalante la fine delle ostilitá tra l'Ecuador ed il Perú nel 1941 é finito in prima pagina sui giornali nazionali ecuadoriani. Il miracolo é stato constatato da piú di 30.000 persone.

giorni dopo, dalle sette del mattino di domenica 27 luglio 1941, fino alle tre del mattino del 28 luglio, ossia per venti ore, la statua di Nostra Signora del Buon Successo mosse gli occhi. I suoi occhi, all'inizio, cambiavano alternativamente da un tono rossastro ad un altro tono simile al marmo. Come una foschia copriva la statua. Quando questa disparve, la statua rimase circondata da una radiosità soprannaturale. Gli occhi della statua, che normalmente guardavano verso il basso, durante il miracolo si alzarono poco alla volta verso l'alto finché non rimasero puntati verso il cielo in un atteggiamento di supplica; poi si abbassarono verso i fedeli e ripeterono questo movimento piú volte.

Quando la notizia si diffuse, migliaia di fedeli invasero la chiesa per contemplare il miracolo, lasciando relegati in secondo piano gli eventi internazionali di enorme importanza. Il materno movimento degli occhi dell'immagine sacra fu visto da piú di 30.000 persone. Nel pomeriggio del giorno stesso, 27 luglio, i giornali annunciarono la cessazione delle ostilità con il Perù. Le notizie riportanti il meraviglioso evento uscirono a partire dal giorno successivo nei vari giornali di tutto il paese:

Últimas Noticias:	28 luglio
El Telégrafo:	28 luglio
El Universo:	28 luglio
El Debate:	27, 28, 29 luglio
La Sociedad:	3 agosto
La Voz Obrera:	10 agosto
La Voz Católica de Loja:	5, 12 ottobre
El Comercio:	28, 29 luglio, 3 agosto

Morte e gloria

Alle tre del mattino del 2 febbraio 1634, suor Mariana stava pregando nel coro, quando la lampada che bruciava accanto al santissimo Sacramento si spense. Ella provò a riaccenderla, ma una forza sconosciuta le impedì di muoversi. In quel momento apparve Nostra Signora del Buon Successo, nel modo solito, portando il divin Bambino sul braccio sinistro ed il pastorale nella mano destra.

«Cara figlia del mio Cuore... Vengo a darti la felice notizia che fra dieci mesi e qualche giorno chiuderai, infine, gli occhi alla luce materiale di questo mondo, per aprirli allo splendore dell'eterna luce. Prepara la tua anima, affinché, ancora più purificata, tu possa entrare nella pienezza della gioia del Signore».

E così avvenne. La salute di suor Mariana cominciò a declinare, ma ella continuava a far fronte ai suoi doveri nel convento nel miglior modo possibile. Ma arrivò il momento nel quale dovette restare a letto. Conoscendo il giorno e l'ora della sua morte, suor Mariana comunicò alle sue amate figlie la data del suo passaggio all'eternità: il 16 gennaio 1635, alle tre del pomeriggio. Aveva 72 anni. All'una circa del pomeriggio di quel giorno benedetto, domandò alla Madre Badessa di convocare la comunità Quando arrivarono, suor Mariana lesse ad alta voce il suo magnifico testamento. Con la voce tremante per l'emozione, ma ferma nella fede e con una completa sincerità, essa ripeté le parole del suo amato Signore:

«È bene per voi che io me ne vada, ma non vi lascerò orfane. Io salgo al Padre mio e Padre vostro, Dio mio e Dio vostro, ed il Divino Consolatore scenderà a confortarvi».

Dopo aver ricevuto l'estrema unzione, essa chiuse tranquillamente gli occhi e cessò di respirare. La serva di Dio, Mariana de Jesús Torres, era ora con Dio.

Da quattrocento anni il suo corpo, come quello della santa fondatrice del convento reale di Quito, rimane, incorrotto, nella clausura del convento, aspettando il giorno nel quale, all'ordine di Nostro Signore Gesù Cristo, si rialzerà per l'eterna gloria.

Il suo corpo è una testimonianza visibile della missione che la santissima Vergine le ha confidato: «Tu devi essere la seminatrice di santità in questa terra vulcanica. ... Il tuo nome sarà conosciuto in tutti i continenti del mondo. E tu raggiungerai gli onori degli altari... e sarai la più eminente protettrice di questo paese consacrato al Cuore del mio santissimo Figlio».

Circa trecentocinquant'anni dopo, la statua di Nostra Signora del Buon Successo fu canonicamente incoronata, con il permesso della Santa Sede, il 2 febbraio 1991 .

apparve Nostra Signora del Buon Successo, nel modo solito, portando il divin Bambino sul braccio sinistro ed il pastorale nella mano destra.

«Cara figlia del mio Cuore... Vengo a darti la felice notizia che fra dieci mesi e qualche giorno chiuderai, infine, gli occhi alla luce materiale di questo mondo, per aprirli allo splendore dell'eterna luce. Prepara la tua anima, affinché, ancora più purificata, tu possa entrare nella pienezza della gioia del Signore».

E così avvenne. La salute di suor Mariana cominciò a declinare, ma ella continuava a far fronte ai suoi doveri nel convento nel miglior modo possibile. Ma arrivò il momento nel quale dovette restare a letto. Conoscendo il giorno e l'ora della sua morte, suor Mariana comunicò alle sue amate figlie la data del suo passaggio all'eternità: il 16 gennaio 1635, alle tre del pomeriggio. Aveva 72 anni. All'una circa del pomeriggio di quel giorno benedetto, domandò alla Madre Badessa di convocare la comunità Quando arrivarono, suor Mariana lesse ad alta voce il suo magnifico testamento. Con la voce tremante per l'emozione, ma ferma nella fede e con una completa sincerità, essa ripeté le parole del suo amato Signore:

«È bene per voi che io me ne vada, ma non vi lascerò orfane. Io salgo al Padre mio e Padre vostro, Dio mio e Dio vostro, ed il Divino Consolatore scenderà a confortarvi».

Dopo aver ricevuto l'estrema unzione, essa chiuse tranquillamente gli occhi e cessò di respirare. La serva di Dio, Mariana de Jesús Torres, era ora con Dio.

Da quattrocento anni il suo corpo, come quello della santa fondatrice del convento reale di Quito, rimane, incorrotto, nella clausura del convento, aspettando il giorno nel quale, all'ordine di Nostro Signore Gesù Cristo, si rialzerà per l'eterna gloria.

Il suo corpo è una testimonianza visibile della missione che la santissima Vergine le ha confidato: «Tu devi essere la seminatrice di santità in questa terra vulcanica. ... Il tuo nome sarà conosciuto in tutti i continenti del mondo. E tu raggiungerai gli onori degli altari... e sarai la più eminente protettrice di questo paese consacrato al Cuore del mio santissimo Figlio».

Circa trecentocinquant'anni dopo, la statua di Nostra Signora del Buon Successo fu canonicamente incoronata, con il permesso della Santa Sede, il 2 febbraio 1991 .

NOVENA

A NOSTRA SIGNORA

DEL BUON SUCCESSO

DEL FR. JOSÉ M. URRATE, S.J.

Novena a Nostra Signora del Buon Successo

Atto di contrizione
per ogni giorno

Io credo in Dio: fortifica, o Signore, la mia fede. Io spero in Dio: aumenta, o Signore, la mia speranza. Io amo Dio: infiamma, o Signore, il mio amore. Mi pento di averTi offeso, o mio Dio: aumenta, o Signore, il mio pentimento. Ti prometto, con l'aiuto della tua grazia ed il potente patrocinio della beatissima Vergine Maria del Buon Successo, di non peccare mai più. Abbi pietà e misericordia di me, o mio Dio. Amen.

Preghiera quotidiana

O magnifica ed Immacolata Regina del cielo, beatissima Vergine Maria del Buon Successo, eletta Figlia dell'Eterno Padre, amatissima Madre del divin Figlio, carissima Sposa dello Spirito Santo, trono eccelso della Divina Maestà, augusto Tempio dello Spirito Santo, nel quale le tre Persone divine hanno riversato i tesori del loro Potere, della loro Saggezza, del loro Amore! Ricordati, o Vergine Maria del Buon Successo, che Dio Ti ha resa così straordinariamente grande perché Tu possa aiutare i poveri peccatori. RicordaTi di come hai molte volte promesso di mostrarTi Madre amorosa per quelli che sono ricorsi a Te. A Te mi volgo, Madre misericordiosissima, e Ti prego, per l'amore che l'Altissimo Ti ha mostrato, di ottenermi da Dio Padre una viva fede, perché io non perda mai di vista le verità eterne; dal Figlio, una ferma speranza, per sempre tendere ad ottenere quella gloria che Egli ha acquistato per me col suo Sangue; dallo Spirito Santo, una carità ardente per sempre vivere amando il Supremo Bene e Te, o beatissima Vergine, affinché, attraverso la tua intercessione, io possa giungere ad amare ed a possedere eternamente Dio nella gloria. Amen.

Rendiamo omaggio a Maria
Perché ella è l'amata Figlia di Dio Padre.
Ave Maria, ecc.

Rendiamo omaggio a Maria
Perché ella è l'eletta Madre di Dio Figlio.
Ave Maria, ecc.

Rendiamo omaggio a Maria
Perché ella è l'unica Sposa dello Spirito Santo.
Ave Maria, ecc.

Gloria al Padre, ecc.

Primo giorno

Considera quanto grandi ed ineguagliabili sono i prodigi di Dio onnipotente, che manifestano i tesori della sua Misericordia, a vantaggio di coloro che ha redento.

Ora, se noi ammiriamo gli eccessi della sua bontà nella moltitudine dei doni con i quali ci ha arricchiti, a giusto titolo dobbiamo essere sbalorditi e pieni di gratitudine per il più straordinario dono delle sue mani, con il quale ci ha nobilitato, dandoci una creatura eccellentissima e privilegiata come Maria per la nostra consolazione, e specialmente di coloro che La amano e La servono di cuore; per aver ispirato i Padri della Chiesa ed i suoi figli ad onorarLa e venerarLa con vari titoli e invocazioni; e per averci concesso di ricevere grandi manifestazioni del suo aiuto e della sua protezione, come i veri devoti della Madre di

Dio hanno sperimentato molte volte, specialmente attraverso la potente statua del Buon Successo, che si trova nella Chiesa del Reale Ospedale della città di Madrid.

Questo tesoro è talmente straordinario – a cominciare dal modo miracoloso nel quale fu trovato in una landa selvaggia, senza che lo si cercasse – che di esso può dirsi ciò che il profeta Isaia diceva di Dio stesso: «Io mi farò trovare da colui che non mi cercava e mi consacrerò al bene di quelli che non apprezzano la mia bontà e non conoscono la mia generosità».

Attraverso questi prodigiosi inizi, sembra che l'Altissimo abbia chiaramente mostrato il suo volere, ossia che la sua santa Madre sia onorata e venerata sotto il titolo del Buon Successo.

Preghiera

O Dio d'infinita bontà, che attraverso la miracolosa scoperta della statua della beatissima Vergine Maria ci hai concesso un così potente mezzo per ricorrere con confidenza alla tua generosa protezione nei nostri bisogni, concedici di ottenere fervore e confidenza, affinché possiamo conoscere, onorare e servire questa tua amata creatura, cosicché attraverso la sua intercessione, possiamo conseguire prima la nostra santificazione e, quindi, il cielo. Amen.

Atto di ringraziamento alla Beata Vergine Maria
per ogni giorno

O Vergine benedetta tra tutte le donne, non abbiamo parole per esprimerTi la nostra gratitudine per gli innumerevoli benefici che abbiamo ricevuto dalle tue mani. Il giorno nel quale sei nata nel mondo, può essere detto il giorno della grazia, della salvezza e della consolazione. Tu sei l'onore del genere umano, la felicità del paradiso, l'amatissimo gioiello di Dio, la salvezza della nostra nazione. Che meriti abbiamo, o beatissima Vergine

Maria, per i quali Tu debba mostrarti quale Madre? Che il volere di Dio sia benedetto! Che Tu sia parimenti benedetta, o Vergine Maria, perché malgrado la nostra ingratitudine Ti mostri così propizia in nostro favore. Concedici, o Madre di clemenza, che la Tua statua sia la nostra consolazione sulla terra, nostro rifugio, nostro aiuto e protezione, nelle necessità pubbliche e private. DegnaTi allontanare da noi guerre, calamità, carestie, fulmini, terremoti e tutti i flagelli che noi meritiamo per le nostre colpe. Prega per la santa Chiesa ed il suo Capo visibile. Ascolta le suppliche di coloro che Ti invocano, Tu che sei nostra Avvocata e Madre; è per ciò che noi poniamo in Te la nostra fiducia. Noi ricorriamo a Te, e speriamo che Tu ci ottenga dal tuo divin Figlio il perdono dei nostri peccati e la perseveranza nella grazia sino alla morte. Amen.

Qui, ognuno, elevando il proprio cuore a Dio, può domandare, per l'intercessione della beatissima Vergine Maria del Buon Successo, ciò che desidera ottenere.

Responsori in onore della Beata Vergine
per ogni giorno

O Maria, Vergine e Madre, la cui eccellenza ha avvinto il mondo intero.
Risposta: Aiutami o Maria, perché sei nostra Madre.

Unica senza eguali, Tu osservi la Parola del Padre, che fa grandi cose in Tuo onore.
Risposta: Aiutami o Maria...

Tu sei il più nobile tempio dell'Altissimo, l'augusta Trinità, dal quale Tu sei stata colmata di gioia.
Risposta: Aiutami o Maria...

In te risiede la purezza che é la felicità degli angeli e la clemenza dei caduti.
Risposta: Aiutami o Maria...

Il mondo cristiano Ti acclama come sua Regina: il Re dei re Ti ha posta alla sua destra.
Risposta: Aiutami o Maria...

O Madre di grazia! O nostra speranza! Porto dei naufraghi e Stella del mare!
Risposta: Aiutami o Maria...

Luminosa ed incorruttibile Porta del cielo, salute degli infermi, luce nelle tenebre.
Risposta: Aiutami o Maria...

Attraverso di Te, possiamo giungere a vedere Dio nella corte dei Santi, dove Egli vive e regna.
Risposta: Aiutami o Maria...

Guida i nostri passi ed assistici, o tenera e dolce Madre, nella nostra ultima ora.
Risposta: Aiutami o Maria...

Accetta la lode della nostre labbra affettuose, incapaci di esprimere la Tua grandezza.
Risposta: Aiutami o Maria...

Antifona

Santa Maria, sii aiuto per gli indifesi, forza per i timorosi, conforto per gli afflitti; prega per il popolo, implora per il clero, intercedi per tutte le sante donne consacrate a Dio; che tutti coloro che conservano la tua memoria, possano sentire il potere della tua assistenza.

V. Prega per noi, o Vergine del Buon Successo
R. Perché noi siamo fatti degni delle promesse di Cristo.

Preghiera finale

Ti supplichiamo, o Signore, di concedere che questi tuoi servi possano godere della perpetua salute di spirito e di corpo, ed attraverso la gloriosa intercessione della beata Vergine Maria, possano essere liberati dalle pene presenti e godere dell'eterna felicità. Per Cristo Nostro Signore. Amen.

· · · · ·

Secondo giorno

Considera la mirabile Provvidenza dell'Altissimo, e come Egli desidera assistere l'uomo mortale additandogli il tesoro nascosto nella preziosa immagine della sua beata Madre, sotto il titolo del Buon Successo, arricchita di molti meravigliosi privilegi. Quando Bernardino de Obregón, fondatore della Congregazione dei Fratelli minimi, morì, Gabriel de Fantanet fu eletto al suo posto. Quest'ultimo, successivamente all'elezione, si recò dal Sommo Pontefice, insieme con Guillermo Rigosa, per ottenere l'approvazione dell'Istituto e dell'abito grigio con la croce nera che li distingueva. Quando arrivarono al confine del principato di Catalogna, passando attraverso la città di Traiguera, sotto la giurisdizione di Tortosa, si scatenò improvvisamente una terribile pioggia che si trasformò in una grandinata, con lampi e fulmini, il rombo dei quali riempì i loro cuori di spavento e di paura. In tale difficile frangente ricorsero a Dio, implorandoLo di procurare loro un rifugio dove trovare riparo per prepararsi a ben morire, poiché la persistenza e la forza della tempesta li avevano persuasi che il disastro fosse inevitabile. Ma poiché la divina Misericordia premia la rassegnazione e la pazienza, Ella fece in modo che questa difficoltà fosse un preludio della gioia successiva. Alla luce di un fulmine, essi videro una parete rocciosa a breve distanza dalla strada, e su di essa una spaziosa grotta, così ben scavata e disposta da sembrare un lavoro opera di raffinata maestria. Le loro anime furono sorprese da una grande felicità mista a sentimenti di meraviglia e riverenza che essi sentirono simultaneamente l'impulso interiore di scoprire la causa di quella meraviglia.

Preghiera

O Dio, ammirabile in tutte le tue opere, o Tu che trasformi i più pericolosi eventi della vita in manifestazioni della tua Misericordia, e che nelle prove più disperate stabilisci i preludi dei tuoi prodigi a nostro beneficio, come hai fatto per i Fratelli minimi, in quella orribile tempesta; concedici, per l'intercessione della Regina del Buon Successo, la virtù di pazienza per sopportare con rassegnazione le difficoltà che la tua divina Volontà ci invierà: perché Tu stesso le convertirai in consolazioni in questa vita, e ci concederai, in futuro, la ricompensa eterna, dove canteremo le tue lodi e quelle della beata Vergine Maria. Amen.

• • • • •

Terzo giorno

Considera come i viaggiatori, spinti dalla grazia e guidati dalla curiosità ad esaminare tali sorprendenti meraviglie, si diressero al luogo dove avevano scoperto il rifugio. Si tolsero le scarpe e si arrampicarono, con grande difficoltà ed aiutandosi a vicenda, tra grossi macigni e ripidi dirupi. Arrivarono alla caverna guidati dalle luci dei lampi. E quale non fu la loro gioiosa sorpresa e la loro ammirazione nel contemplare, in quella grotta nella quale la natura aveva finemente scavato uno spazioso santuario, una bellissima statua della beata Vergine, con il suo bel Bambino in braccio, uno scettro nella sua mano destra e la testa cinta di una preziosissima corona. Il suo vestito era di uno stile antico, ma pulito, ed in un angolo ce n'era un altro dello stesso stile e materiale. Molti e vari fiori adornavano il luogo, coprivano il pavimento e si estendevano sui muri e riempivano la stanza benedetta della Regina del cielo di una squisita fragranza. Inoltre, particolarmente evidente era una lampada, incassata nella pietra con grande maestria, che essendo accesa sprigionava una brillantezza pari a quella di molte luci. Che bellezza e pace, ben adatte ad onorare una tale ammirabile Dama! Quale non fu la sorpresa e l'ammirazione degli incantati viaggiatori, nel contemplare estaticamente quella porzione di cielo, calmando i loro cuori ansiosi ed affannati in presenza della loro Madre che si presentava a loro in modo così inaspettato, dopo una tale terribile tempesta, raggiante e bella, con un così bel volto, al fine di provvederli di rifugio e consolazione in un così disperato pericolo!

Getta, dunque, o anima mia, le tue preoccupazioni ai piedi dell'immagine di Maria, quando i pesi della vita e gli imminenti pericoli ti conducono sull'orlo della disperazione: volgiti a Lei con calma e confidenza, ringraziando Dio, perché ha mostrato la sua onnipotenza facendo sì che una così meravigliosa statua fosse trovata in un posto così nascosto, per l'onore della Vergine

Immacolata, e perché noi potessimo venerarla sotto il prezioso titolo del Buon Successo.

Preghiera

O Dio di Misericordia, che mai abbandoni i tuoi fedeli e ferventi servitori nella desolazione nel mezzo delle sventure e dei pericoli del tempo inclemente, e che come nostro rifugio nelle avversità ci ordini di ricorrere a tua Madre, Avvocata degli afflitti; concedici un cuore tenero e fervente per cercare Maria e trovarLa, al fine di essere amati e protetti ogniqualvolta La serviamo sinceramente, e di meritare, per la sua intercessione, di condurre un vita cristiana e, di guadagnare, quindi, il Paradiso. Amen.

. . . . .

Quarto giorno

Considera quale dovette essere l'ineffabile gioia da cui furono presi i buoni Fratelli nel contemplare tutte le meraviglie contenute in quella magnifica stanza, nella quale si trovava l'immagine della loro cara Madre, quale stella lucente. Si inginocchiarono riverenti davanti a Lei per pregarLa e ringraziarLa di un dono così singolare e di tale straordinaria fortuna, innalzando i loro pensieri ed i loro affetti a celesti considerazioni, ritenendosi favoriti da un intervento soprannaturale. Tutto ciò che vedevano e il profumo che avvertivano non erano opera di mano umana, in questo luogo inaccessibile e lontano da ogni città. Ripeterono fervorosamente le loro preghiere piene di gratitudine, domandando luce e grazie dal cielo per decidere cosa dovessero fare, al fine di determinare l'origine di questo santuario e di quest'immagine, e chi fosse l'anima pia o la comunità che si prendeva così magnificamente cura di questo santuario. E benché sembrasse loro impossibile che tale magnificenza fosse opera dell'uomo, in un luogo tanto remoto ed inaccessibile, ciononondimeno la prudenza e la pietà suggerivano loro di compiere in primo luogo delle accurate ricerche sulla vicenda. Attraversando i villaggi più vicini alla caverna, che si trovavano a più di tre leghe da quel luogo, non trovarono nessuno che potesse fornire loro la minima informazione sull'immagine. E benché tra coloro ai quali avevano domandato si trovassero anche delle persone molto anziane, di ottanta o cent'anni, nessuno di loro aveva mai sentito niente a riguardo dell'esistenza o della venerazione di un'immagine tra quei dirupi solitari o in alcuna delle zone vicine.

Considera, anima mia, la sorpresa e la santa gioia di questi Fratelli, che erano adesso gli unici depositari della straordinaria scoperta; come essi si inginocchiarono davanti alla santa immagine; come le indirizzarono degli affettuosi ringraziamenti, con carezze ed abbracci, scegliendola come loro speciale Patrona e intermediaria, con il significativo titolo di Madre del Buon

Successo. Fai sgorgare, o anima mia, dal tuo cuore dei santi affetti di pia gratitudine, e prorompi in sentimenti di ammirazione per tale magnifico miracolo operato in favore di questi due Fratelli, unendoti ai loro colloqui con Maria. AmaLa e presentati a Lei con generose risoluzioni, perché anche tu hai misericordiosamente trovato Lei nella pericolosa strada della vita, tra gli orrori e le tempeste delle passioni.

Preghiera

O Dio d'infinita carità, che nella tua Madre ci hai dato un prezioso pegno di consolazione, concedendoci di incontrarLa nella strada pericolosa della vita, di averLa come scudo a difesa nelle persecuzioni e nei pericoli, come Madre del Buon Successo; concedici che, grati alla tua bontà, possiamo ripagarti con la virtù e con una tenera e costante devozione alla beata Vergine, cosicché, attraverso la sua intercessione, possiamo meritare di giungere al Paradiso. Amen.

· · · · ·

Quinto giorno

Considera, ora, come i santi viaggiatori, convinti che la preziosa scoperta appartenesse loro, misero la magnifica immagine in un cesto e in così tenera e potente compagnia continuarono facilmente e gioiosamente il loro viaggio verso Roma. Essendo stati gentilmente ricevuti dal Santo Padre, il Papa Paolo V, uomo molto puro e pio, essi furono considerati come ospiti d'onore. Il Papa fu informato della scoperta dell'immagine della Vergine e vedendo che era molto preziosa ed irraggiante un aspetto soprannaturale, si inginocchiò davanti ad essa. Egli appese la sua preziosa croce pettorale d'oro e di smalto al collo della statua, garantendo grazie ed indulgenze a tutti quelli che l'avessero venerata, e raccomandò i fortunati religiosi che l'avevano trovata in un modo così meraviglioso di onorarla con devozione e zelo, propagandando ovunque la sua devozione. In questi avvenimenti – ed anche nel nome di Nostra Signora del Buon Successo, che il Papa le aveva inconsapevolmente attribuito – entrambi i religiosi videro un segno speciale della soprannaturalità di questa scoperta. Questo meraviglioso dono cominciò ad essere conosciuto come un'inesauribile fonte di grazie e meraviglie, come sperimentò la città di Valencia, dove fu portata dai Minimi. Più tardi essi la trasferirono con grande pompa in una sontuosa chiesa di Madrid, la capitale della Spagna, dove la venerabile immagine continuò ad essere sempre più prodigiosa. La sua venerazione ed i suoi benefici si sparsero in tutta l'Europa ed anche nelle più remote regioni d'America.

Fatti coraggio, anima mia, in presenza di Maria, che viene a trovarti nelle più grandi difficoltà della vita e ti mostra il suo volto sorridente ed incantevole per consolarti. Guarda il Padre di tutti i fedeli inginocchiarsi in sua presenza, offrire le sue preghiere ed esortarti ad essere suo devoto ed a confidare nel patrocinio di Maria. Gioisci delle circostanze nelle quali Dio ti ha messo, vicino a Maria, che ti mantiene in sua compagnia e sotto la sua protezione. PregaLa, benediciLa e donaLe la croce pettorale del tuo amore, deponendo ai suoi piedi la tua passione dominante; offrendoLe il tuo risoluto e deciso sforzo di vincere te stesso per acquisire quei singolari favori che così tante anime pie hanno ottenuto da questa santa immagine del Buon Successo.

Preghiera

O Signore Sovrano, che nel tuo sublime consiglio hai disposto di darci la beatissima Vergine del Buon Successo come compagna nel nostro pellegrinaggio, affinché essa possa essere nostra guida, guardiana e protettrice nelle prove quotidiane; e che hai voluto che, con il suo aiuto, noi possiamo procedere, pieni di confidenza e sollievo, nel viaggio verso la dimora del nostro Eterno Padre, dove riceveremo tutto ciò che domandiamo; concedici, Te ne preghiamo, un cuore infiammato d'amore per la beata Vergine del Buon Successo, affinché possiamo offrirci a questa divina Madre in dono di gratitudine, con un amore fermo e costante ed estinguere le nostre passioni in azione di grazie per gli immensi benefici che abbiamo ricevuti dalla sue mani compassionevoli: cosicché avendoLa sempre propizia in vita, l'abbiamo, successivamente, quale dolce protettrice in morte, affinché possiamo meritare la salvezza eterna. Amen.

· · · · ·

Sesto giorno

Considera come la città di Quito ed il suo più antico convento, quello delle Concezioniste, sperimentarono anch'essi gli specialissimi favori della gloriosa Madre del Buon Successo. Nel 1610, cioè trentatré anni dopo la fondazione di questo convento, essa apparve miracolosamente a madre Mariana de Jesús Torres, una suora spagnola, una delle fondatrici di quel convento e Badessa dello stesso. Questa fortunata e pia religiosa stava pregando da sola con tenera devozione e aprendo il suo cuore, implorando l'aiuto di Maria sotto il titolo del Buon Successo, per le necessità della sua anima, delle sue consorelle, del convento e di tutta la società. Essa era assorta nel fervore della preghiera, fatta con fede profonda e confidenza, con un così vivo desiderio di vedere e di interessare Maria alle sue richieste, che, ad un tratto, alzò con grande desiderio gli occhi al cielo, quasi implorando la Madre sua di venirle in aiuto e di concederle tutto ciò che lei stava umilmente chiedendo, con una sincera preoccupazione per il suo convento e per tutta la Chiesa cattolica.

Ed ecco, una luce sfavillante inondò la chiesa, e la buona suora fu estasiata ed in ammirazione di tale splendore; un improvviso stupore le invase lo spirito ed una gioia inspiegabile le riempì il cuore. La sua fede si fece più viva e la sua devozione aumentò, mentre le luce continuava a crescere ed un fulgore mai visto prima le riempiva di meraviglia e le abbagliava gli occhi. Mentre un'eccezionale gioia le inondava il cuore con il dolce calore di affetti soprannaturali, ella raddoppiò le preghiere in un'estasi di illimitata confidenza.

Allo stesso modo, l'anima benedetta, che, abbandonando questa miserabile terra, guarda il cielo con gli occhi di una fede viva e penetrante, quest'anima apre, mediante la fede, un passaggio alle divine illuminazioni ed è inondata dallo splendore della Divinità... «Il giusto vive di fede». Il giusto fa di questa terra miserabile il suo paradiso, attraendo, con la sua fede, delle luci che nessuna stella può emettere.

Ravviva, o anima mia, la fede nei misteri rivelati; fammi considerare tutti gli atti della mia vita con gli occhi dello spirito, illuminati dalla verità soprannaturali, allontanando tutti i pensieri dai bassi affari della vita terrestre ed attraverso gli sforzi della fede fammi fissare lo spirito sotto la direzione della divina Provvidenza, che guida i nostri cuori. E specialmente nella preghiera, fammi abbandonare la terra, e trasportami nel più alto dei cieli, dove l'Onnipotente e Maria, Figlia, Madre e Sposa, aspettano noi, umili pellegrini, noi che, prostrati ai loro piedi, imploriamo le grazie di cui abbiamo bisogno.

Preghiera

O Luce inaccessibile della Verità soprannaturale! Tu che per illuminare i nostri passi con i tuoi splendori celesti hai scelto come nostra guida e protettrice la tua creatura prediletta, la beata Vergine Maria; illumina il nostro spirito con quella luce di viva e ferma fede per la quale la Madre di Dio brillò agli occhi di quella fortunata religiosa di quel convento, facendole contemplare, interamente assorta, le bellezze della gloriosa Vergine; cosicché, desiderosi di godere delle ricchezze celesti, noi non ricerchiamo sulla terra nient'altro che la protezione della beata Vergine con una ferma e certa fede nei misteri rivelati, al fine di vivere, contemplando già da ora, lo splendore della nostra futura felicità e desiderando di godere la tua visione e quella della beata Vergine per tutta l'eternità. Amen.

· · · · ·

Settimo giorno

Considera come la fortunata religiosa, nel fervore della sua preghiera ed illuminata dalla vivida luce nella quale si trovava immersa, fissò i suoi occhi sulla fonte di quei raggi di luce, e scorse davanti a sé un'incantevole Signora di straordinaria bellezza, che teneva sul suo braccio sinistro un Bambino anch'egli splendente come la stella del mattino, di aspetto amabile e compassionevole, dolce e puro. La preziosa visione teneva, nella sua mano destra, un bellissimo scettro d'oro su cui scintillavano gemme preziose ed il suo capo era cinto da una corona di stupefacente fulgore. La Signora era vestita come l'immagine della Madonna del Buon Successo, la cui meravigliosa scoperta abbiamo considerato nei giorni scorsi, ed alla quale la pia Concezionista si stava raccomandando, la qual cosa gli valse di ottenere il favore di questa visione.

La buona religiosa rimase assorta e meravigliata di essere visitata in questo modo dalla sua Madre celeste. La sua anima fu infiammata da una gratitudine illimitata ed il suo cuore inondato da sante affezioni e durante i suoi espansivi colloqui, impregnati di viva fede, ardente amore e confidenza, le chiese: «Chi sei Tu, e che cosa desideri?». E oh, cosa meravigliosa! Con una voce calma e dolce la visione le rispose: «Io sono Maria del Buon Successo, che tu hai invocata con così tenero affetto. Le tue preghiere mi sono molto gradite, la tua fede mi ha portato qui, ed il tuo amore mi ha invitato a visitarti».

Considera, anima mia, il singolare privilegio di questa fortunata religiosa, che ha meritato per la sua fede, la sua attenzione ed il suo fervore nella preghiera, di attrarre la beata Vergine alla sua presenza e di contemplare tale bellezza, tale purezza e tale grazia. O creatura benedetta! Come dovevi essere attratta dalla Tua Madre celeste! Con quale veemenza dovevi desiderare di servirLa e benedirLa! Quanto hai dovuto amarLa da quel momento innanzi! Quanto continue, attente e devote hanno dovuto essere le tue preghiere!

La bontà di Maria incoraggia anche noi ad invocarLa con una fede penetrante sotto il titolo del Buon Successo, a pregarLa sempre con attenzione e confidenza, considerando che solo una fede viva ed un vigile desiderio di infiammare i nostri cuori con dei pii affetti, possono meritarci di essere ascoltati e favoriti dalla beata Vergine, se non con visioni privilegiate, almeno con il dono della grazia e con il trionfo sulle nostre passioni e sopra i nemici della fede cattolica.

Preghiera

O Dio d'infinita bontà e Padre amoroso delle anime elette, Tu che Ti degni ricompensare la fede dei tuoi figli ed gli anelanti affetti di pietà con le visite della beata Vergine, colmandoli di fervore e pietà affinché possano giungere alla santità; ascolta anche le nostre preghiere, e fai che la presenza di quest'immagine del Buon Successo possa illuminare e sostenere sempre più la nostra fede, nella certezza di essere graziosamente ascoltati da Lei; e concedici sempre più fede nel suo potente patrocinio, una confidenza più grande nell'ottenere ciò che chiediamo ed un fervore più acceso nella preghiera; cosicché, aiutati dai favori di una così potente Patrona, possiamo riuscire a liberarci dai pericoli che ci minacciano, servendoTi con più determinazione e conquistando così la felicità di essere in tua compagnia ed in quella della beata Vergine Maria in Cielo. Amen.

. . . . .

Ottavo giorno

Considera che la beata Vergine, apparendo ad una religiosa, non intendeva beneficarla con una grazia singolare e transitoria; ciò perché i doni speciali di Dio non sono dati senza uno scopo, ma piuttosto, secondo un piano provvidenziale, per incoraggiare la pietà, stimolare il progresso morale e la disciplina religiosa nella totalità dei membri di una comunità religiosa, di una nazione o di tutta la Chiesa. E per questa ragione, la beata Vergine Maria del Buon Successo, nell'apparire a questa religiosa, le disse che era volontà di Dio la realizzazione di una statua che riproducesse, nei particolari, l'apparizione. Quest'immagine sarebbe stata posta nella nicchia del coro, dove tutte le religiose pregano, sopra il seggio della Badessa, cosicché esse potessero considerare l'eccezionale statua, questo straordinario prodigio, come il loro «massimo superiore». Ciò sarebbe stato di stimolo ad una gratitudine perenne, ad una speciale attenzione durante la preghiera, ad una perfetta obbedienza, ad una grande fermezza nella fede, ad una speranza confidente ed ad un amore ardente per la beata Vergine Maria, che ivi si stabiliva per risiedevi, e governare personalmente quel convento.

Ah, se solo noi avessimo una fede così viva, quale venerazione e rispetto avremmo davanti questa statua! Come ricorderemo la sua benevola apparizione, le sue promesse, i suoi favori! Quanto confidenti sarebbero le nostre domande, quanto attenta la recita dell'Ufficio divino, quanto ferventi le nostre preghiere, quanto spontanea la nostra obbedienza, quanto assidua la nostra osservanza dei Comandamenti e dei doveri del nostro stato!

Ravviva, o anima mia, la tua fede, e se non ne hai abbastanza, chiedila a Dio e a Maria del Buon Successo, cosicché, traendo vantaggio da questo dono singolare e dallo speciale privilegio fatto a questo convento, non ci rendiamo responsabili dello spreco delle grazie con le quali la Provvidenza desidera incoraggiare la nostra pietà, l'esercizio delle virtù di fede, confidenza, carità, obbedienza ed osservanza di tutti i nostri obblighi.

Preghiera

O Dio, guardiano delle pie comunità, che raduni sotto la tua protezione e che sorvegli con speciali prodigi, al fine di conservale nella loro regolare osservanza, e che mostri la tua Provvidenza con miracoli che manifestano la tua evidente protezione; ascolta ora la nostra preghiera, rispondi alle nostre suppliche, infiamma e rendi più viva la luce della nostra fede con la tua potente protezione, affinché non abbiamo a temere i nostri nemici, perché se Tu ci proteggi, nessuno potrà nuocerci; e dacci una confidenza illimitata nella beata Vergine Maria del Buon Successo e la grazia dell'obbedienza e dell'osservanza della nostra regola di vita, affinché non abbiamo a disprezzare un così magnifico dono di una così santa Guida e di una così potente Protettrice, cosicché possiamo essere dei sottoposti umili, grati e devoti, rispettosi e coscienziosi; ed, in questo modo, possiamo meritare, un giorno, di cantare gioiosamente i tuoi favori e le tue lodi in Paradiso in presenza del Padre, del Figlio, e dello Spirito Santo, che hanno concesso a Maria il privilegio di essere Figlia, Madre e Sposa della santissima Trinità, unico Dio che vive e regna nei secoli dei secoli. Amen.

· · · · ·

Nono giorno

Considera come questa timida religiosa, dopo aver udito l'ordine della beata Vergine riguardante la realizzazione di una statua delle misure e della forma dell'apparizione, si scusò dicendo che sarebbe stato impossibile per uno scultore riprodurre una così rara bellezza e determinare l'altezza e le altre proporzioni dell'opera. E la magnifica visione, con la più grande condiscendenza, le rispose: «Non preoccuparti per questo; dammi qua il cordone che tieni alla tua cinta e misura la mia altezza». E poiché la naturale timidezza della religiosa non osava toccare Maria con le sue mani, la beata Vergine prese un'estremità del cordone e lo mise all'altezza della sua testa, mentre la fortunata piccola suora, tendeva fino ai piedi l'altro capo per ottenere l'esatta misura della meravigliosa visione. «Ecco – disse la beata Vergine – l'altezza della statua che ti è stato comandato di realizzare e le altre dimensioni sono in proporzione».

«Metti questa statua nel luogo indicato con uno scettro e le chiavi della clausura nella mia mano destra, perché io desidero essere l'Avvocata e la Protettrice di questo convento». Avendo detto ciò, la visione disparve.

Ora, immagina il cuore della religiosa che aveva ricevuto questo eccezionale favore ed una così importante missione da parte della beata Vergine Maria; quanto dovette sentirsi riconoscente, grata e piena di santi affetti verso la Vergine. Quali santi proponimenti! Quali ferme intenzioni! Quali sinceri desideri! Cerca, anima mia, di instillare questi sentimenti nel tuo cuore e sforzati di esprimere un'illimitata gratitudine verso l'Avvocata e la Protettrice di questo convento, e di venerare quest'immagine con i più teneri ringraziamenti ed il fervoroso desiderio di corrispondere ad un così singolare beneficio con una santa vita, essendo obbediente ed osservando nei minimi particolari la tua regola di vita.

Pertanto, la buona religiosa favorita di questa visione, si affrettò ad ordinare che la statua fosse fatta dal migliore scultore disponibile. E così questa magnifica statua, piena di dolcezza e di maestà, come un memoriale perpetuo, é venerata nel coro di quel convento, ed al suo patrocinio le religiose sono sempre ricorse nelle più gravi difficoltà. Essa é il rifugio del popolo nelle sue necessità, ed attraverso la sua intercessione molti hanno ottenuto dei grandi miracoli e delle grazie speciali per la loro comunità.

Le misure date da Maria, sono anche le misure della sua umiltà, della sua obbedienza, del suo amore di Dio e del prossimo. ImitaLa ed anche tu scolpirai un'immagine della Vergine Maria nel tuo cuore. Affrettati come la buona religiosa a riprodurre l'immagine morale della tua Madre verginale nella tua condotta e nei tuoi affetti, nel tuo contegno e nei tuoi modi, nella fedeltà alla tua regola di vita e nelle tue preghiere, nella tua docilità e nel tuo candore, nella tua purezza, nel tuo distacco dai beni terrestri, aspirando solo ai beni celesti.

Preghiera

O Dio, Padre premuroso delle tue creature, che mostri in tutte le tue opere una Provvidenza paterna ed un governo affettuoso, e ciò specialmente nell'averci dato la Vergine Maria come Avvocata, Protettrice e modello esemplare di virtù; instilla nei nostri cuori un desiderio costante di imitare questa Regina, nostra Madre, imprimendo le sue «misure» nei nostri pensieri, desideri, azioni e rendendoci conformi a Lei, per quanto la nostra fragile natura lo permetta; ed assistici con la tua divina grazia, al fine di soggiogare le nostre passioni e così meritare di essere assistiti dalla nostra Madre, quali bambini che si volgono a Lei con gratitudine nelle loro gravi necessità, cosicché, avendoLa quale avvocata, possiamo trovarLa propizia negli ultimi istanti della nostra vita e meritare di godere della sua compagnia in cielo. Amen.

· · · · ·

Preghiera alla Beata Vergine Maria del Buon Successo

Santissima Vergine Maria, Madre amorosa e Protettrice del genere umano, universale rimedio ad ogni male e dolce guardiana delle anime nostre: io venero questa tua santa immagine che rappresenta e richiama la tua premura in favore dei pellegrini ed il tuo compassionevole patrocinio per il bene di questa comunità religiosa. Confidando nella tua eccezionale protezione, io vengo ai tuoi piedi per aprirTi il mio cuore, pentito di aver in passato offeso Dio e Te, e Ti domando perdono per le mie colpe ed imperfezioni. Ti ringrazio ancora una volta per tutti i benefici operati in nostro favore, per questa tua miracolosa apparizione e per il pegno di predilezione che ci hai dato con questa santa immagine, o nostra Guida ed Avvocata. Ascolta la mia preghiera, o Madre, che sei la guaritrice di ogni malattia. Non Ti mancherà certo il rimedio per le mie, che sono così numerose, perché la tua misericordia e la tua bontà sono più grandi di esse. Non voler disdegnare di continuare ad essere la nostra Protettrice, a dispetto delle nostre miserie, ma perdonale a causa della nostra fragilità. Ascolta la nostra voce con tenera compassione, aiutaci nelle nostre difficoltà, distruggi i sinistri piani del nemico, ottienici coraggio e rassegnazione nelle nostre tribolazioni ed una grande confidenza nel potere di Dio. Rinnova negli ordini religiosi il loro fervore, affinché possano fedelmente osservare l'obbedienza ai loro superiori ed alla loro regola. Dacci un desiderio costante di servirTi e di amarTi come nostra Superiora, e che sotto di Te noi possiamo vivere uniti in un unico modo di sentire e di comportarci, essendoTi grati per così tanti benefici, come quello di averTi qui a perpetuo ricordo della tua apparizione: cosicché servendo da stimolo e da soprannaturale influenza sopra di noi, possiamo possederTi eternamente in cielo. Amen.

Laus Deo et Beatae Mariae Virgini

Magnificat

L'anima mia magnifica il Signore
e il mio spirito esulta in Dio, mio Salvatore,
perché ha guardato l'umiltà della sua serva.
D'ora in poi tutte le generazioni mi chiameranno beata.
Grandi cose ha fatto in me l'Onnipotente
e Santo è il suo nome:
di generazione in generazione la sua misericordia
si stende su quelli che lo temono.
Ha spiegato la potenza del suo braccio,
ha disperso i superbi nei pensieri del loro cuore;
ha rovesciato i potenti dai troni,
ha innalzato gli umili;
ha ricolmato di beni gli affamati,
ha rimandato i ricchi a mani vuote.
Ha soccorso Israele, suo servo,
ricordandosi della sua misericordia,
come aveva promesso ai nostri padri,
ad Abramo e alla sua discendenza, per sempre.
Gloria al Padre e al Figlio
e allo Spirito Santo.
Come era nel principio, e ora e sempre
nei secoli dei secoli. Amen.

www.ingramcontent.com/pod-product-compliance
Lightning Source LLC
Chambersburg PA
CBHW071844290426
44109CB00017B/1914